RÉFORME

DU

JOURNALISME

PAR

PONCE NOLLET

ANCIEN JOURNALISTE.

75 centimes

PARIS

GUSTAVE HAVARD, LIBRAIRE

RUE GUÉNÉGAUD, 15

1857

SAINT-DENIS. — TYPOGRAPHIE DE DROUARD.

PRODROME.

Figaro, cesse de nous donner
La carte de ton dîner.
Tant de gens, qui sont au régime,
Ont droit de t'en faire un crime.
Et d'ailleurs, à chaque repas,
D'étouffer ne trembles-tu pas?
. . . .
. . . .
. . . .
Pour goûter à point chaque mets,
A table ne cause jamais;
Chasse-s-en la plaisanterie:
Trop de gens, dans notre patrie,
De ses charmes étaient imbus;
Les bons mots ne sont qu'un abus.
. . . .
. . . .

(Parodie des *Gourmands*).

La publication de notre projet par un journal indépendant des plus énergiques, *Les Contemporains*, nous a valu d'encourageantes approbations, au sentiment desquelles nous nous empressons de répondre ici par la reproduction de ce projet.

Jamais, comme nous le donnons à entendre à la *Post-Face* de cet opuscule; jamais nous n'avons douté de la haute science du journalisme vénal. Son savoir transcendant a tout lieu de confondre l'esprit humain quand il s'ingénie à réformer le Ciel et la Terre, voire même l'Univers, en assujettissant le Créateur au système de l'attraction passionnelle; mais l'esprit humain n'est si confondu qu'il ne cherche la cause de sa confusion en se demandant si le journalisme n'aurait pas lieu lui-même de se réformer, non selon le système d'attraction, mais bien selon les lois naturelles d'une saine logique..... Nous le croyons aussi; et sur ce point nous nous rappelons le sentiment des Cormenin, des Benjamin Constant, des Guizot, et de tous les esprits éclairés qui expriment un vœu favorable à la réforme rationnelle de l'enseignement public par la voie arbitraire de la presse vénale. Espérons que cette réforme nous fera grâce de la science infuse du journalisme en nous ramenant à la sagesse, sans l'inspiration divine de laquelle le savoir humain est un don funeste; espérons qu'elle donnera bientôt raison à la conscience publique, qui s'inquiète des subversifs effets d'un enseignement arbitraire; espérons-le, car *Figaro* inaugure l'ère nouvelle de l'entendement de l'esprit humain!... Voyez comme ce *Virtuose-Journaliste* exalte déjà l'esprit scientifique du *Charivari*, digne émule du *Tintamarre*, ses deux grands maîtres ès-art du calembour *voltairianophobe :*

« Le *calembour*, enfant gâté
Du mauvais goût et de l'oisiveté;
Qui va guettant dans ses discours baroques,
De nos jargons nouveaux les termes équivoques,
Et se jouant des phrases et des mots,
D'un terme obscur, fait tout l'esprit des sots. »

Voyez, dis-je; voyez comme *Figaro* transforme les *Bureaux de Bel-Esprit* en grand *Banquet d'Esprit Français!*..... O Salomon, que te semble de l'esprit de la science moderne!..... Dieu est grand, Dieu seul est Dieu; et *Figaro* est son *Esprit*....... Le Céleste-Empire doit sa gloire à Confucius, Israël à Moïse, la Grèce à Socrate, Rome à Caton, la Chrétienté au Rédempteur, l'Espagne au *Barbier de Séville*, et la France à *Figaro*..... Le nom brillant de Figaro le Journaliste, élève de *Bilboquet*, est donc le dernier mot de la civilisation humaine; ses agapes fraternelles vont, en mémoire de la *Sainte-Cène*, réconforter l'esprit français dans une nouvelle communion de grands saints, les plus fameux saints du jour : Villemessant, B. Jouvin, Cham, Proudhon, *Le Charivari*, *Le Tintamarre*, Plutus, Bertrand, Robert-Macaire, et nombre de Journalistes du petit et du grand formats..... Quelle touchante communion d'esprits d'élite!..... Quelles saintes agapes d'émulation!... O *Figaro*, que ton esprit *sain* y préside à défaut du Saint-Esprit;..... oui, restaure l'esprit français, qui s'*engraisse* de *misère*, comme ton compère de Séville. Donne-nous tes DINERS d'abonnement, d'*encouragement*, dis-je; donne-nous le pain de l'esprit, l'esprit naturel, l'esprit de cœur, le seul bon, et non de l'esprit artificiel, l'esprit de tête, le pire de tous, et dont usent et abusent tes deux grands maîtres ès-art du calembour; mais, dans cette distribution non gratuite du pain de l'esprit, ô Figaro, prends garde à ce que l'esprit de ton *repas de corps* n'ajoute encore à l'esprit de parti du journalisme vénal. Rappelle-toi l'enseignement évangélique du spirituel et illustre Monsieur TIMON, inséparable disciple et ami du non moins spirituel et illustre M. de Cormenin, qui, dans ses remarquables *Entretiens de Village*, s'est inspiré si saintement de la sympathie du grand journaliste, du grand publiciste, du grand écrivain; fais pour l'*École des Écriveurs du Journalisme* ce que ces deux inséparables amis de l'humanité ont si bien fait pour le *Maître d'École!*....... Et alors, ô *Figaro*, je rendrai grâces à Minerve de la grâce concomittante et suffisante que m'aura faite ton *bel* esprit *sain* en rendant sans objet mon fameux projet de *Réforme du Journalisme!*.....

Voici ce projet *in globo*, avec l'appréciation critique du journal *Les Contemporains*, qui lui a donné hautement son approbation, et qui nous a prêté un concours actif, noble et généreux.

A M. LE RÉDACTEUR EN CHEF

DU JOURNAL **les Contemporains** (1).

Monsieur,

Depuis une vingtaine d'années que le journalisme français dénature son caractère physiologique d'une manière si scandaleuse, nombre d'esprits consciencieux, de critiques dévoués ont appelé maintes fois l'attention du législateur sur le principe méconnu de cette puissance sociale, maladroitement exploitée.

Aujourd'hui, grâce à la guerre courageuse du journal *Les Contemporains*, la presse parisienne, réduite aux abois dans ses démêlés avec la conscience publique, avoue hautement la déplorable situation morale qu'elle s'est faite; et le plus curieux, c'est qu'elle l'avoue en agitant le problème de son existence, sous la forme d'une grande question de *répression légale* à l'ordre du jour de sa triste polémique. Quoi de plus juste au monde?

Elle a donné à la société un funeste exemple, en se servant de l'arme de la diffamation dans des vues répréhensibles d'intérêt de coteries : donc, elle doit périr par cette arme retournée. Ainsi l'entend la morale évangélique, d'accord sur cette maxime avec la loi du juste retour des choses humaines.

Riez-en avec moi, monsieur, et que le gai refrain du chansonnier national nous remémore sa prédiction ironique sur l'*âge futur :*

Ainsi, malgré tous nos sophistes,
Chez nos descendants on aura
Pour grands hommes des journalistes.

(1) Extrait de ce journal du 18 *août* 1857.

Permettez-moi, monsieur, de vous demander votre sentiment personnel sur le *projet de réforme* dont j'ai l'honneur de vous adresser une épreuve sous ce pli. Quelle que soit votre réponse, elle me servira de préface naturelle; je la reproduirai comme hommage public au dévouement de l'homme courageux, qui ne craint point de dire au journalisme son propre fait, et auquel la phraséologie impuissante de la presse parisienne est, en fin de compte, obligée de rendre justice sur ce ton sérieux :

« *Mais il est juste de constater qu'en ce temps d'*APOSTASIE *et de* VENTE D'AMES, *il est resté indépendant et convaincu. C'est beaucoup, si ce n'est pas tout.* »

(RABELAIS — Numéro du 20 mai 1857.)

De telles paroles dans la bouche de vos adversaires, monsieur, sont la plus incontestable de toutes les louanges, et celle qui m'a le plus frappé, je vous le jure.

Un des milliers de contempteurs du journalisme, qui voudrait qu'on en pétitionnât la *réforme rationnelle*, et qui vous prie d'agréer l'expression de ses sentiments sympathiques.

PONCE NOLLET.

RÉFORME DU JOURNALISME.

Motion privée sur une grande question d'utilité publique étudiée par les historiens et agitée par les physiologistes de la presse française.

La liberté de la presse,
Dont nous parlons tant de fois,
C'est, parbleu! bien nous, je crois,
Que d'abord elle intéresse.

(MARQUIS DE VARENNES. — *La République des Lettres.*)

LE JOURNALISME MIS EN QUESTION PAR LUI-MÊME.

« La question de la répression des discours ou écrits diffamatoires » vient à l'ordre du jour. Le propriétaire gérant du *Constitutionnel* et » du *Pays*, M. Mirès, s'est plaint d'être en butte à des calomnies contre

» lesquelles la législation actuelle a été impuissante. Il s'est demandé si » la société et le gouvernement étaient suffisamment armés pour prévenir ou punir de pareils excès. Le *Journal des Débats*, déterminant le » véritable terrain de la polémique, a invité le *Constitutionnel* à demander avec lui la plus simple et la plus facile des réformes. »

(*Le Siècle*, 21 juillet 1857.)

Il va sans dire que cette réforme porte traditionnellement sur une compensation pécuniaire : comme pour remettre en vigueur l'empire vénal de la loi salique, qui, dans son ignorante bizarrerie, appréciait des choses inappréciables. Ne pourrait-on proposer au législateur une réforme morale, non moins simple et facile, hors du cercle vicieux de l'intérêt privé des entreprises individuelles du Journalisme français?

État de la Question.

Qu'est-ce que le Journalisme en France? On a remarqué que le Journalisme se caractérisait différemment dans les deux continents du monde civilisé. En Europe, il se fait pédagogue social, redresseur de torts; et, toujours agresseur, il provoque la résistance redoutable de tout pouvoir établi en voulant lui imposer ses diverses manières de voir. En Amérique, où il ne s'occupe pas plus du gouvernement que s'il n'existait point, il change de visière en changeant de forme d'argumentation; il est conseiller officieux, consignateur public, et rapporte toutes choses au principe de l'utilité générale, en tirant parti de l'erreur comme de la vérité. En Europe, son intention est toute politique; en Amérique, elle est toute industrielle. En Europe, il parle et muse; en Amérique, il conçoit et agit. Ici, il est grec ou romain; là-bas, carthaginois ou anglais. Dans le monde ancien, il ne vit que du temps à venir; dans le nouveau, que du présent. Chez nous, il ne reconnaît aucune valeur au temps : vingt, cinquante, cent, deux cents ans ne sont rien pour lui dans la marche de l'humanité; là-bas, il suppute les jours et les nuits, et voudrait autre chose que la vapeur, en s'imaginant que la pensée industrielle peut faire le tour du globe en moins d'une minute sur les ailes de feu électrique de la vie moderne.

En un mot, le Journalisme français nous paraît être à la civilisation ce que Don Quichotte est à Mentor : l'un s'arrête à cheval pour jaser morale, l'autre va à pied tout en parlant raison.

Conclusion.

Nous concluons à ce que le législateur français, dans son initiative légitime, prenne en considération la proposition suivante :

Faire du Journalisme (nous parlons du Journalisme politique, de la grande presse) une institution fondée sur le principe du suffrage universel, c'est-à-dire, établir un Collége-Suprême de savants et de littérateurs chargés par le pays de distribuer les diplômes de journalistes, comme on distribue les diplômes d'avocats et de médecins. Chaque grand centre de population, toutes les zones agricoles ou manufacturières auraient leur Chambre Consultative pour présenter les candidats.

Alors le Journalisme, doctrine philosophique d'une œuvre collective de l'intérêt général, offrirait au point de vue de la moralité publique et de la sécurité gouvernementale, de prodigieux avantages, qu'on ne saurait attendre de lui, dans les conditions regrettables de ses entreprises individuelles de politique ou de finance.

Nota.

Nous donnerons, dans une publication spéciale ultérieure, la définition du terme générique de cette nouvelle doctrine, qui, certes, est bien de nature à s'attirer l'anathème intéressé du vieux journalisme, en possession séculaire du droit vénal de régenter la société. La passion de l'intérêt, qui ne raisonne jamais, l'aveuglera sans doute au point de voir une tout autre pensée que celle qui nous détermine à appeler directement l'attention du législateur sur l'état actuel de la République des Lettres, gouvernée par le journalisme parisien. Peu importe ses foudres impuissantes à qui s'abrite sous l'égide de l'intérêt général!...

PONCE NOLLET,
Ancien Journaliste.

« Nous répondrons prochainement à M. Ponce Nollet, et nous exami-
» nerons son plan de réforme. Il peut compter sur notre concours le
» plus actif, car la presse vénale nous rend, en ce moment, victime
» des attaques les plus injustes et les plus insolentes. Elle est gangre-
» née jusqu'au cœur : la flamme et le fer doivent être portés au plus
» vite sur ses plaies honteuses.

» EUGÈNE DE MIRECOURT. »

Voici le premier article de l'appréciation critique de M. Eugène de Mirecourt dans le journal *Les Contemporains*, du 15 septembre 1857 :

RÉFORME DU JOURNALISME.

Premier article.

> En général, la presse a un tort grave : dans les jours calmes comme dans les jours révolutionnaires, elle donne à la politique le premier rang.
>
> (VICTOR HUGO, prospectus de *L'Evénement*.)

> Nous avons dit et montré comment la presse de 1848 avait parodié celle de 93. — Chose étrange! ce devait être encore une fois la république qui était destinée à lui porter les plus rudes coups : tant il est vrai qu'il n'y a pas de gouvernement possible chez nous avec la liberté illimitée de la presse. — Le journalisme ne peut avoir dit son dernier mot. De nouveaux efforts seront faits assurément pour le tirer de l'ornière où il est tombé. Ceux qui les tenteront trouveront d'utiles enseignements dans l'histoire de la période la plus agitée de ses annales.
>
> (Eugène HATIN, *Histoire du journal en France*.)

> Que ton argent périsse avec toi, puisque tu as cru que le don de Dieu s'acquérait avec de l'argent!
>
> (*Actes des Apôtres*, liv. VIII, v. 20.)

Sous forme de prolégomènes, exprimons d'abord notre sentiment personnel sur les devoirs du journaliste.

Qu'est-ce qu'un journal? c'est une tribune officieuse d'intérêts publics.

Or, quiconque se place à cette tribune, pour apprécier les hommes et les choses, doit un compte exact de ses sentiments à la société, c'est-à-dire une profession de foi nette, catégorique et franche. Le premier devoir d'un rédacteur qui discute les idées et les actes d'autrui est évidemment d'accepter la discussion sur ses propres idées et sur ses propres actes.

Un industriel capitaliste achète la propriété d'un journal, dans un but de censure quelconque : est-il fondé à prétendre que les autres n'usent point de représailles envers lui? Non, certes.

Et cependant, chaque jour, on voit afficher de semblables prétentions. Je suis, par exemple, auteur d'une pièce de théâtre, d'une brochure ou d'un livre. Vous me critiquez, dans votre journal, à un point de vue différent du mien. De mon côté, usant du même droit, je fonde aussi un journal pour vous critiquer à mon tour. Alors, ne voulant point qu'autrui vous fasse ce que vous lui faites, vous vous récriez, vous m'injuriez, vous m'accusez, vous me traduisez en justice, et vous demandez la suppression de mon journal, par la raison seule qu'il fait à votre égard ce que votre journal fait au mien.

Soit. Puisqu'il vous plaît de porter le débat à un autre tribunal que celui de l'opinion publique, je vais me faire reconventionnellement demandeur, et conclure par le même motif à la suppression de votre journal. Mais, plus favorisé que moi des dons de la fortune, vous soutenez cette lutte du pot de terre contre le pot de fer jusqu'à l'épuisement de mon dernier écu. Vous avez ainsi pour vous la raison du plus fort, et vous triomphez de ma ruine.

Voilà qui est d'une iniquité flagrante.

En principe de droit naturel d'abord, un pareil état de choses ne saurait être admis sans fausser la situation morale du journalisme. De plus, en examinant la question au simple point de vue des convenances sociales, n'est-ce pas manquer de la façon la plus grave au respect dû à la loi que de l'assujettir à se prononcer sans cesse sur le dangereux système des interprétations dans les polémiques quotidiennes du journalisme? Oubliez-vous ce que Laubardemont pensait de ce système?

« Dans quatre lignes de l'être le plus inoffensif, disait-il, je me fais fort de trouver un texte d'accusation suffisant pour le faire pendre! »

Laubardemont s'y connaissait, je vous le jure, et il ne manque pas de successeurs tout prêts à appliquer son aimable doctrine, ce qui doit vous rassurer médiocrement. En effet, combien de haines, combien de colères s'amoncellent sur vous ou sur l'homme que vous chargez de la rédaction de votre journal! Chaque page et chaque ligne vous offrent un procès en perspective.

Le moyen d'épargner à la justice le souci de nos querelles privées serait de changer la situation morale du journalisme, c'est-à-dire de ne plus en faire un *métier*, mais une *mission*.

Cette mission consisterait à dispenser l'éloge justement mérité, comme le blâme justement encouru.

Plaçons-nous résolûment dans cette voie et tâchons de nous y maintenir, en défendant la cause de l'intérêt public.

Ainsi, par exemple, un personnage inconnu perce la foule, aborde la scène du progrès et se dévoue au bien des masses : disons nettement qui il est; expliquons ce qu'il veut. Un autre cherche à se produire dans un but moins louable : constatons le fait avec le même zèle et rendons hommage à la vérité. Le premier a besoin du concours de nos sympathies, encourageons-le, prêtons-lui soutien ; le second n'a pas la confiance publique, faisons-nous hardiment l'organe de la société pour le rappeler au devoir.

De deux choses l'une : ou la société a intérêt à connaître le vrai et le faux, ou elle ne l'a pas. Dans l'affirmative, on ne saurait lui imputer à crime de rémunérer le journalisme comme organe public ; dans la négative, le journalisme n'a plus de raison d'être. Il faut l'interdire d'une manière absolue. On ne doit point lui permettre de se constituer en entreprise privilégiée, contraire à l'ordre général.

Ceci est lumineux comme un rayon de soleil.

Mais restons sur le premier point de notre dilemme, le seul admissible, et déduisons la conséquence logique des faits. Il est évident que la justice du pays, dans le cas où elle ne peut exercer une action directe, éprouve toujours le besoin d'être éclairée par la conscience publique, dont le journaliste est l'interprète. C'est donc une obligation pour lui de prévoir ce que la justice aurait à châtier; et, nous ne craignons pas de le poser en thèse absolue, cette obligation est aussi impérieuse que celle de distribuer justement l'éloge.

Sans doute, il vaut mieux regarder les hommes d'un bon œil que d'un mauvais œil; mais, quand il y a nécessité de dire réellement ce qu'ils sont, n'hésitez pas! au risque d'encourir le ressentiment personnel de l'individu démasqué à la tribune de l'intérêt public.

C'est ainsi que nous comprenons l'influence morale du journaliste : proclamer avec une égale impartialité les actes méritoires et les actes déméritoires. Mais peu de journaux politiques ou financiers adoptent la devise chevaleresque de nos pères :

« — Fais ce que dois, advienne que pourra ! »

Nous en avons fini avec les prolégomènes. Examinons maintenant le *Projet de réforme du journalisme* indiqué par M. Ponce Nollet (1), et que les feuilles vénales, comme bien on le pense, n'ont voulu reproduire à aucun prix.

« Le propriétaire d'un journal, disait un physiologiste, est ordinairement quelque brave imprimeur, bien plus sûr appréciateur des caractères typographiques que du caractère humain. »

(1) Voir notre journal du 18 août dernier.

Ceci n'est vrai que de la province. A Paris, le propriétaire d'un journal, à l'heure où nous écrivons, est un brave capitaliste, quand ce n'est pas un brave homme de lettres millionnaire. Or, le capitaliste, si brave qu'il puisse être, n'en est pas moins naturellement plus apte à compter avec son barême qu'avec l'opinion. Pour l'homme de lettres millionnaire, si, — chose à peu près certaine, — il est sujet à l'erreur comme un simple mortel ; s'il est dévoré d'ambition comme tous les hommes d'argent, il importe que son public d'abonnés ne tombe pas dans une fausse voie et ne cède pas à de funestes exemples.

Donc, c'est un devoir pour le législateur d'intervenir activement dans la direction morale du journalisme politique ou financier.

Donc, il doit veiller à ce que l'ordre social ne coure aucun risque sous la formidable puissance directrice de la presse ; et c'est là précisément le point de vue auquel se place M. Ponce Nollet. Avant lui, d'autres avaient essayé déjà de soulever la question ; mais aucun esprit pratique n'était encore venu proposer au législateur une solution aussi sérieuse que celle que nous avons signalée en rapportant son *Projet de réforme.*

Ce projet, du moins, a cela de remarquable qu'il laisse le journalisme se mettre pertinemment lui-même en cause (1).

Ainsi posé dans ses véritables termes, le problème fixe l'attention critique de M. Ponce Nollet. Il le soumet à des études plus hautes, agrandissant la tâche du législateur de toute l'élévation du but proposé à ses efforts ; il établit une différence caractéristique entre la vieille presse européenne et la jeune presse américaine, différence de laquelle il résulte que le journalisme, chez nous, ne se pique pas de remplir le plus beau rôle sur la scène de la civilisation moderne. Mais, ce que M. Ponce Nollet semble appeler modestement *Pédagogisme* ou *Don-Quichottisme*, d'autres l'appellent tout crûment *Robert-Macairisme*, et voici quinze années bientôt qu'on applique à la plupart des écrivains de la presse française la personnification morale, ou plutôt immorale, du noble ami de Bertrand.

Ne soyons point surpris de voir la société se prémunir contre les suites déplorables de l'exploitation mercantile du Journalisme et contre l'effet désastreux que produit l'enseignement arbitraire de sa science hypothétique.

Hypothétique, disons-nous, car le journal, — s'il faut ici forger un

(1) Voir, dans notre numéro du 18 août, la citation du journal *Le Siècle*, en date du 21 juillet 1857.

mot, — est *surfacier* de sa nature. Il emprunte à ses propriétaires un cachet d'autorité individuelle, au lieu de revêtir le caractère de l'autorité publique. A-t-il bien, en effet, la conscience de son enseignement?

Le doute est permis, quand nous voyons le pouvoir procéder par voie expérimentale d'enquêtes dans la solution pratique des grandes questions que la presse soulève. Partout le journalisme témoigne de son manque de méthode et de son défaut de conviction. Il se fait indifféremment, tantôt socialiste, tantôt économiste, puis philosophe avancé, puis philosophe rétrograde, puis optimiste, puis pessimiste, puis encore ci, puis encore ça, — et, pour finir, qu'est-il? — un brouillon, mais un brouillon dans l'acception la plus brutale du mot. Sur les plus simples questions de progrès, vous ne le trouvez jamais d'accord avec lui-même.

Entendez-vous ses logomachies éternelles? Voyez-vous le chaos de ses articles contradictoires? Quelles luttes insensées de convictions diverses! quel scandale public!.....

Si, du moins, il n'existait qu'un seul journal, il pourrait trancher souverainement du docteur en se targuant de l'unité de ses vues; mais chaque feuille est entourée de feuilles ennemies qui jettent la confusion dans cette Babel immense du progrès social. On ne les voit jamais s'unir que pour le trouble, pour le désordre, pour la vengeance. Elles s'accusent tour à tour d'ignorance traditionnelle et d'aveuglement systématique.

Belle école pour les masses laborieuses!

C'est là qu'elles exercent leur jugement; c'est là qu'elles se forment sur l'art didactique des sophismes parlementaires, des doctrines préconçues, des systèmes follement individuels, des panacées économiques et des utopies boiteuses. Enfin, c'est là qu'elles apprennent à se diriger comme le journaliste se dirige lui-même!

Or, la société, dans l'admirable bon sens instinctif qui règle sa conservation naturelle, repousse et repoussera toujours cet enseignement illogique et plein de fausseté, qui ne lui offre aucune garantie de prépondérance expérimentale, dépourvu qu'il est de tout contrôle public. La société se récrie, et se récriera toujours contre le droit que s'arrogent certains intrus en fondant un Journal, pour s'établir de leur propre chef les arbitres improvisés de ses destinées politiques.

Évidemment, il y a là usurpation de pouvoirs dans la manifestation de la volonté souveraine, et cette usurpation ne saurait être tolérée sans léser les intérêts d'ordre social, sans porter atteinte à la volonté suprême, qui émane de la volonté de tous.

Avouez-le donc, ce fait de lèse-souveraineté nationale dont vous êtes convaincus par le sentiment public! Réformez-vous vous-mêmes, si vous ne voulez pas que la loi vous réforme forcément! Prêchez-nous d'exemple! ne nous parlez plus d'union et de concorde, quand vous êtes tous désunis et ennemis les uns des autres; quand vous guerroyez de principes, d'opinions, de vues, de croyances et de convictions; quand vous poussez à l'anarchie par vos rivalités ombrageuses, par vos polémiques virulentes, par vos interminables disputes, si contraires à l'esprit de l'Évangile, par vos ambitions vénales et vos trafics scandaleux!

Ces trafics, la honte de l'époque présente, vous les désignez sous le nom d'*industrialisme*, absolument par la même raison qui vous a fait substituer au mot *égoïsme* celui d'*individualisme*. Vous harmonisez la langue avec votre esprit odieusement mercantile.

Encore une fois, réformez-vous; mais reformez-vous d'une façon radicale, si vous ne voulez obliger la société à pétitionner solennellement cette réforme, ainsi que le demande l'auteur du projet qui nous occupe.

Alors vous recouvrerez, par la consécration du suffrage universel, l'estime publique que vous a fait perdre l'abus de votre puissance usurpée; le journal ne sera plus l'œuvre du premier venu, mais celle d'un fonctionnaire qui remplit dignement sa tâche. Vous remplirez un rôle magistral dans le sacerdoce de la science acquise, et vous jouirez d'une juste prépondérance sur toutes les émanations intellectuelles de la république des lettres. Vous serez alors les véritables organes de l'opinion; votre parole deviendra l'Évangile du législateur, et la physiologie du journalisme réformé n'aura plus à vous rappeler ce précepte du sage :

« Avant de juger les autres, juge-toi toi-même; avant d'extirper un fêtu de l'œil de ton voisin, extirpe la poutre qui t'aveugle! »

EUGÈNE DE MIRECOURT.

Deuxième article (1).

Nous avons dit que M. Ponce Nollet soulevait la question de réforme du journalisme à un point de vue beaucoup plus sérieux que tous les écrivains qui ont jusqu'ici traité de cette matière.

Il s'agit de développer clairement sa pensée philosophique et d'échapper à toute logomachie stérile et oiseuse.

(1) Extrait du journal *Les Contemporains* du 22 septembre 1857.

En fait, — qu'est-ce que le journalisme?

En principe, — que devrait-il être?

Tels sont les deux véritables termes du problème. Afin de procéder logiquement dans notre étude, nous appliquerons la méthode analytique à l'idée générale du premier terme, et nous aurons la série de questions accessoires qui va suivre :

1° Quand et dans quelles circonstances le journalisme est-il né?

2° Depuis quelle époque se mêle-t-il de politique?

3° Pourquoi la politique lui est-elle devenue une cause permanente de division morale, qui, dans ses fractions de nuances infinies, le porte à prêcher publiquement l'anarchie périodique?

4° Dans quel but le Journalisme parisien convoite-t-il le privilége exclusif de la pensée et le monopole vénal de la publicité?

5° De quelle époque date sa dernière métamorphose, et à quelle impulsion a-t-il dû l'idée primitive de son mercantilisme littéraire, scientifique, industriel et financier?

6° Quelle est la valeur réelle de son enseignement pratique, puisque les grandes questions d'intérêt général, par lui discutées, reviennent sans cesse à l'ordre du jour, malgré ses arguments vainqueurs?

7° Comme Babel scientifique de l'intelligence moderne, la presse vénale n'est-elle point un obstacle permanent aux progrès de la civilisation humaine?

Après cette heptathèse historique, découlant de l'idée générale du premier terme, nous arrivons au second terme du problème, et nous posons cette thèse de théorie philosophique :

Pourquoi le Journalisme ne serait-il point gratuitement une œuvre collective d'intérêt général et ne deviendrait-il pas l'organe officiel de la libre manifestation de l'opinion souveraine, c'est-à-dire de l'opinion de tous?

Maintenant deux questions accessoires :

1° Si la morale sociale réprouve le charlatanisme en matière d'enseignement privé, pourquoi le tolérerait-elle en matière d'enseignement public par le journal?

2° Le législateur ne devrait-il pas exiger de l'écrivain journaliste des garanties de moralité exemplaire et d'aptitude éprouvée; autrement dit, ne pourrait-on devenir journaliste comme on devient professeur ou avocat, c'est-à-dire par diplôme?

Ce journal n'étant pas une feuille politique ou économique, il nous est interdit de chercher la réponse à notre questionnaire dans la philosophie et dans l'histoire. Plus heureux que nous, *Le Siècle* pourrait combler cette lacune; mais d'ici nous voyons ses rédacteurs faire la grimace.

Dans sa chronique du 14 juin dernier, la feuille démocrate se livre à une apologie pompeuse du journalisme; elle eût été plus impartiale de nous en donner une critique compétente.

L'intérêt qui a décidé *Le Siècle* à se faire l'apologiste du métier, l'engage nécessairement aujourd'hui à se renfermer dans un mutisme absolu au sujet du plan de réforme proposé par M. Ponce Nollet.

Nous constatons le fait.

Il est significatif, et sera quelque jour apprécié par les monographes de la presse française. Nous le constatons, parce qu'il témoigne de la désertion du *Siècle* dans sa propre cause, jugée déjà en premier ressort. Il était le seul journal sérieux qui pût obtenir de l'autorité dans une défense commune; et, d'ailleurs, son apologie provocatrice du 14 juin lui imposait le devoir de répondre à un démenti public.

Mais, chacun comprend le devoir à sa manière. Le prêcher aux journalistes serait peine perdue. *Vox clamantis in deserto.*

Tout ce qui précède explique suffisamment notre pensée sur le plan de réforme de M. Ponce Nollet. Comme lui nous voudrions que le journalisme fût gratuitement une œuvre collective d'intérêt général; que le législateur en fît l'objet d'une institution d'enseignement public, et que le principe électif fût la base légale de cette institution pour missionner une rédaction collective par voie du sort. A cet effet, une Chambre Consultative, de circonscription académique ou universitaire, serait établie dans les grandes zones agricoles, manufacturières et maritimes. Ainsi, l'écrivain journaliste deviendrait un fonctionnaire assermenté; sa délégation publique s'opérerait comme la députation parlementaire, et le société ouvrirait de la sorte au travail intellectuel une grande et honorable carrière de plus.

Une nouvelle institution demande une dénomination distinctive. Nous ne doutons pas que M. Ponce Nollet ne lui trouve un nom caractéristique. Du reste, — nous enregistrons ici son propre aveu, — il ne se croit pas assez journaliste pour oser se permettre de dire le dernier mot du progrès en tranchant net la question. Il n'est pas non plus assez présomptueux pour prétendre l'avoir résolue de science certaine. Tout ce dont il se flatte, c'est d'avoir conçu une bonne idée, en vue d'en suggérer une meilleure encore.

Cette idée première, nous avons cru devoir la reproduire; et déjà des esprits sympathiques se proposent de former officieusement un comité d'initiative pour l'œuvre de la réforme du ournalisme.

Solution pratique.

Instituer un Collége-Suprême, qui aurait pour mission de déterminer le meilleur mode de publicité ou de proclamation officielle de l'opinion publique sur les œuvres préparatoires de l'initiative du législateur dans le progrès pratique.

En deux mots, et après avoir posé en fait que la confusion de la science résulte de la logomachie pédantesque et de l'esprit systématique de nos publicistes modernes, voilà comme l'auteur du projet de réforme formule sa proposition. C'est dire qu'il conteste au journaliste, si éclairé qu'il puisse être, le droit d'imposer à la société l'enseignement arbitraire de son savoir individuel. M. Ponce Nollet croit sérieusement qu'il importe à la société de consacrer la science universelle par une institution spéciale; et, dans ce but, il propose l'établissement de ce Collége-Suprême, qui aurait une succursale dans chaque grande zone agricole, manufacturière et maritime.

Par une modestie qui l'honore, il laisse à l'institution le soin de rédiger elle-même ses statuts, contrairement à M. Emile de Girardin qui poussa l'orgueil du novateur jusqu'à vouloir tout établir de son autorité privée, en rédigeant arbitrairement les statuts d'un *Institut Politique*, proposé par lui en 1831, pour la direction du journalisme.

Ces deux réformateurs diffèrent essentiellement d'idées et de sentiment, — d'abord par l'épithète de *politique* accolée au nom d'*institut*.

M. Ponce Nollet déclare qu'il n'admet la politique ni comme une science, ni comme un art; mais seulement comme une branche parasite de l'arbre de la science, branche stérile, à émonder pour cause de confusion dans le système rationnel des connaissances humaines.

En outre, M. de Girardin, par son ancien projet d'une *Presse Universelle*, témoigne d'un esprit négatif à la remorque du progrès, en allant puiser ses inspirations imitatives dans l'anglomanie; au lieu que M. Ponce Nollet puise naturellement les siennes à la source expérimentale de l'enseignement positif des faits accomplis en France.

De plus, quand M. de Girardin préconise à son de trompe la *presse à bon marché*, M. Ponce Nollet, qui ne transige point avec les principes, demande la *gratuité absolue* de la presse.

En effet, le journalisme devant être une œuvre collective d'intérêt général, publiquement défrayée par un impôt exceptionnel, la société jouirait en retour de la gratuité de la publicité. Tout le monde recevrait le *Moniteur Public* du Collége-Suprême de la notoriété scientifique, comme le législateur reçoit *Le Moniteur* officiel du gouvernement.

Si nous poursuivons notre étude critique sur les divers projets de M. de Girardin, nous trouvons dans son système une foule de contradictions bizarres, et le changement capricieux de ses idées ne s'explique pas même par celui des circonstances.

Rappelons-nous 1845.

Une violente polémique de concurrence mercantile s'engage entre le journal *La Presse* et le journal *L'Époque*. M. de Girardin sort vainqueur de la lutte par cet aveu, dont il est bon de prendre note :

« Si nous avions, dit-il, à présenter le programme d'un nouveau » journal, nous proposerions le maintien du format, la suppression des » annonces, la suppression du roman-feuilleton et l'élévation du prix » du journal à *cent francs*. »

Il faut croire que M. de Girardin n'a pas eu de nouveau journal à fonder, puisque la spéculation mercantile du journalisme politique ne fait que croître et enlaidir.....

En tous cas, ce langage ne ressemble guère à celui qu'il tint le 1er juillet 1836, époque fameuse de l'apparition du journal *La Presse* sur le Sinaï de la publicité, au milieu des éclairs et du tonnerre du mercantilisme politique.

« *La Presse*, disait-il, différera des journaux établis, principalement » en ce que le prix de son abonnement ne sera pas une spéculation.

» Le prix d'abonnement des journaux quotidiens n'est pas en juste » rapport avec la modicité du revenu moyen de la grande majorité des » électeurs français, qui se compose de propriétaires ruraux. Sur beau» coup de points, nous le savons, *quatre-vingts francs* sont à peine la » rente annuelle d'un capital de *six à huit mille francs* en terres arables.

» Donc, la presse politique appelle une réforme. »

On sait comment cette réforme fut appuyée par les publications de la *Société* dite *nationale*.

Aujourd'hui ce n'est pas à une société nationale que s'adresse M. Ponce Nollet pour cette réforme si désirable et si désirée depuis vingt ans. Nous l'avons dit, on parle d'un *Comité d'initiative*, composé d'écrivains sérieux ; et, dans l'intérêt de la société comme dans celui de l'État, ce comité se charge d'élaborer, en connaissance de cause, l'œuvre de la réforme du journalisme. Cela fait, on adressera au gouvernement une pétition collective pour qu'il éclaire sa religion sur cet objet par le rapport d'une commission spéciale.

Nous tiendrons nos lecteurs au courant des travaux préparatoires du comité d'initiative pour la *Réforme du Journalisme*.

EUGÈNE DE MIRECOURT.

POST-FACE.

— I —

Nous avons dit que, dans une publication spéciale, nous donnerions la définition caractéristique de la nouvelle institution du journalisme réformé; cela nous amènera à discuter les diverses prétentions d'existence de la vieille presse française. Ainsi, nous aurons à nier sa prétendue raison d'être :

— en matière de morale, — puisque la démoralisation publique par l'agiotage a pour cause efficiente et permanente son immense publicité vénale ;

— en matière politique, — puisqu'il ne nous paraît point établi que la politique, dans la confuse acception classique ou moderne du mot, soit la science de l'activité universelle;

— en matière de connaissances humaines, — puisque la science de l'activité moderne attend encore sa méthode naturelle pour pouvoir se constituer positivement;

— en matière d'arts, — puisque l'art, toujours un métier vénal, procède sans but final en s'impulsant arbitrairement au hasard ;

— et en toutes matières possibles, — puisque le journalisme se mêle de tout au monde; aussi, doit-on à sa logomachie systématique le babélisme scientifique de l'intelligence moderne.

On voit quelle serait la haute mission du COLLÉGE-SUPRÊME DE LA NOTORIÉTÉ SCIENTIFIQUE, qui aurait à donner une encyclopédie nouvelle à la science, en l'affranchissant de son servilisme traditionnel par une méthode naturelle. Autre temps, autre méthode.

Toute notre thèse se résume en ces deux questions :

Que doit être le journalisme : — une entreprise vénale de spéculation individuelle, ou bien une œuvre collective d'intérêt général missionnée par la loi de l'enseignement?

Comment le savoir collectif peut-il juger de l'autorité du savoir particulier dans l'état de confusion actuelle des connaissances humaines, dépourvues qu'elles sont d'une MÉTHODE NATURELLE?.....

— II —

En terminant son appréciation critique de notre projet, M. Eugène de Mirecourt s'empresse d'informer le public de la proposition d'un **Comité d'initiative** pour la réforme du journalisme. Ce Comité, déjà formé tout spontanément, a pour but de formuler publiquement le sentiment de la société sur l'état actuel de la République des Lettres gouvernée par la Presse Française, sur les difficultés comme sur les travers de la littérature contemporaine, et sur le monopole abusif du journalisme parisien, qui ouvre ou ferme arbitrairement la carrière. Mu par le sentiment de l'intérêt général, le **Comité d'initiative,** qui fera connaître prochainement le lieu et le jour de ses séances publiques, s'empressera de solliciter et d'accueillir tous les renseignements et documents spéciaux qu'on croira devoir lui adresser pour cette enquête officieuse, en vue de la réforme rationnelle du journalisme vénal.

(Écrire *franco* au Secrétariat provisoire du **Comité du Journalisme,** rue Vavin, 54.)

— III —

En d'autres temps, le vieux journalisme bursal, la main prise dans le sac de l'agio, eût donné le change à l'opinion publique en essayant de nous signaler comme un liberticide de la presse. Mais, sous son régime actuel, il éprouve le besoin de la licence pour nous répondre ; aussi, ne sait-il trop que dire de notre proposition à brûle-pourpoint en présence de l'opinion. Fera-t-il la sourde oreille ? mais ce serait avouer implicitement son fait !....... Se disculpera-t-il quand même ? mais il faudrait alors recourir aux sophismes de l'esprit systématique, et ce serait vouloir ajouter encore à ses griefs infinis par la nouvelle preuve surabondante de son manque de bonne foi !..... Faisons donc ce qu'il ne veut ni ne peut faire, à cause de ses intérêts privés fatalement engagés ; demandons sa réforme entre toutes les réformes possibles, comme condition première du progrès pacifique, puisque les instigations vénales de son déplorable mercantilisme sont la cause première, la cause efficiente et permanente de la démoralisation publique; demandons cette réforme impérieuse, car jamais la vieille presse française ne proposera au législateur de faire pour l'*agiomanie* ce qu'il a fait pour la *politicomanie*, par son décret de février **1852**, qui régit le journalisme instigateur.

On sait quelle expérience acquit la Hollande par la *tulipomanie;* on n'ignore pas non plus ce que l'*assignatomanie* a produit en France. En dépit du fatal enseignement de ces monomanies universelles, l'*agiomanie* semble encore nous reprendre comme sous la Régence : et la même cause déterminera nécessairement le même effet, d'autant plus rapidement encore qu'elle dispose de l'immense publicité vénale de la presse instigatrice. Rappelons-nous donc, une fois pour toutes, que l'exagération en matière financière occasionne la ruine publique : comme l'exagération en matière politique occasionne les révolutions sociales. Quant à ces révolutions périodiques, qui remettaient éternellement en question l'existence de la société, leur retour n'est plus à redouter sous l'empire énergique du décret de février **1852**; mais la société, ainsi préservée contre la *politicomanie*, l'est-elle contre l'*agiomanie?* N'appréhende-t-elle les crises financières à l'égal des crises politiques? et celles-ci ne sont-elles la suite fatale de celles-là?

Donc, il y a urgence de refréner aussi le journalisme bursal par une loi spéciale : écrivains, poëtes, académiciens, moralistes, publicistes, magistrats, en un mot, tous les esprits éclairés, tous les hommes dévoués s'unissent d'efforts pour la réclamer de concert. Deux d'entr'eux ont déjà eu l'honneur d'être applaudis par le Chef de l'Etat lui-même, — élan spontané, haute sollicitude dont la philosophie et l'histoire ne peuvent manquer de tenir compte au sentiment sympathique de l'Empereur. Car, nous pouvons le dire, jamais loi n'aura obtenu d'une manière plus éclatante la sanction de la morale et du progrès, qui s'inquiètent de la frénésie contagieuse de l'agiotage. Mais, pour que cette loi ait toute la portée voulue, elle ne saurait se borner à réprimer la licence coupable du journalisme en interdisant seulement la proclamation abusive des primes offertes à la convoitise des appétits matériels. Il ne suffit donc pas au législateur de prévenir ainsi le mal, il faut encore qu'il détermine le bien.

Rallions-nous dans le domaine de la loi morale ; convaincons le journalisme de son fait dans le Temple de l'Agio, où il consomme publiquement son abjuration de toute sagesse ou de toute vertu ; adressons-nous au législateur, et bientôt le succès couronnera nos efforts concertés :

La Raison le veut !...

Tel est notre mot d'ordre dans la croisade philosophique contre le culte du Veau d'Or, contre l'*agiomanie*, universellement exploitée par le journalisme vénal !...

www.ingramcontent.com/pod-product-compliance
Ingram Content Group UK Ltd.
Pitfield, Milton Keynes, MK11 3LW, UK
UKHW032034260826
14628UKWH00006B/2957

9 782011 763563